Impressum
Verlag: BABADADA GmbH, Nedderfeld 112 , 22529 Hamburg
Geschäftsführer / Verlagsleitung: Harald Hof
Druck: Books on Demand GmbH, In de Tarpen 42, 22848 Norderstedt

Imprint
Publisher: BABADADA GmbH, Nedderfeld 112 , 22529 Hamburg, Germany
Managing Director / Publishing direction: Harald Hof
Print: Books on Demand GmbH, In de Tarpen 42, 22848 Norderstedt, Germany

1

duɗal

ysgol

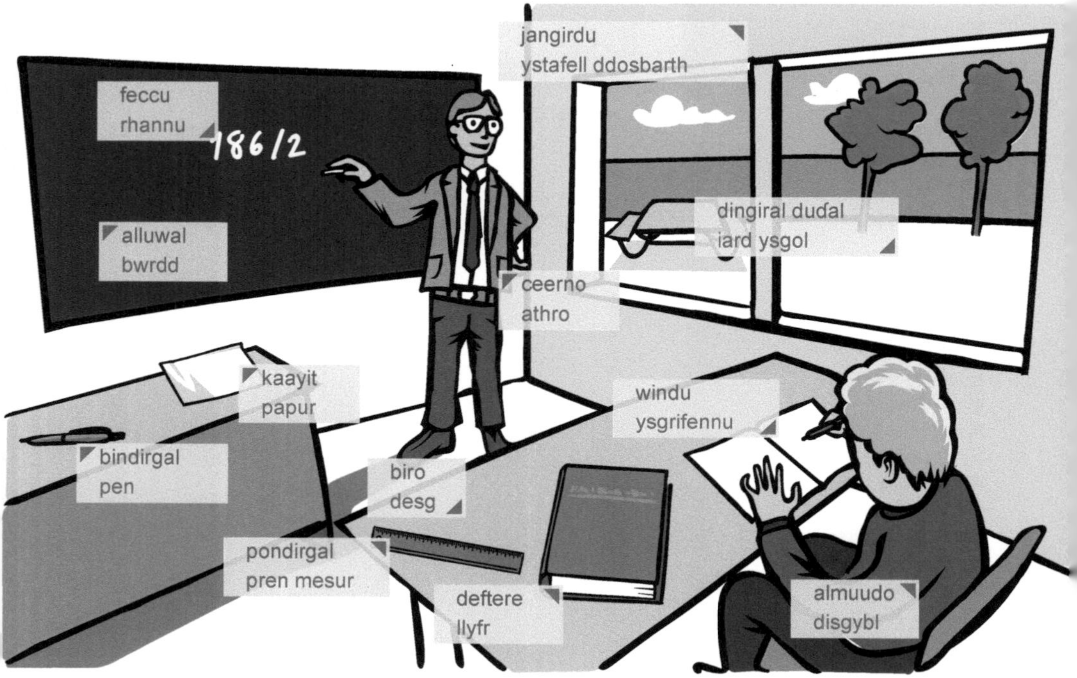
jangirdu
ystafell ddosbarth
feccu
rhannu
186/2
alluwal
bwrdd
dingiral duɗal
iard ysgol
ceerno
athro
kaayit
papur
windu
ysgrifennu
bindirgal
pen
biro
desg
pondirgal
pren mesur
deftere
llyfr
almuudo
disgybl

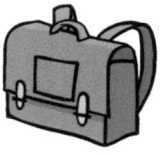

sakosel

bag ysgol

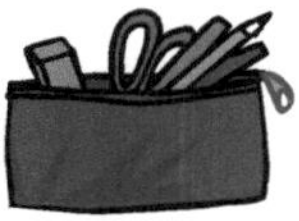

suudu kuɗol

blwch penseli

kuɗol

pensil

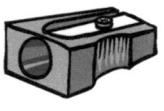

ceeɓnoowo kuɗol

peth rhoi min ar bensil

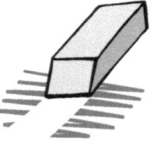

momtirgal

rwber

nokku diidirɗo

pad arlunio

diidgol

llun

diidirgal

brws paent

suudu diidordu

blwch paent

sisooje

siswrn

kol

glud

deftere softinɔrde

llyfr ysgrifennu

coftinogol

gwaith cartref

tongoode

rhif

2+2

ƃeydu

ychwanegu

5-2

ustu

tynnu

2×2

hebbin

lluosi

lim

cyfrifo

ƃataake

llythyren

hijju

gwyddor

hello

kongol

gair

windande

testun

jangu

darllen

bindirgal

sialc

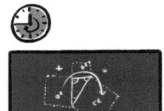

darsu

gwers

windaade

cofrestr

ÿeewtogol

arholiad

ijaazi

tystysgrif

wutte jaɲirɗo

gwisg ysgol

jaŋde

addysg

ɗowitorde mawnde

gwyddoniadur

jaaɓi haatirde

prifysgol

mokoroskop

microsgop

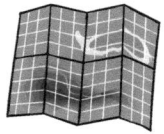

wertaango

map

siwo mbalis

basged papur gwastraff

ɗannaade
teithio

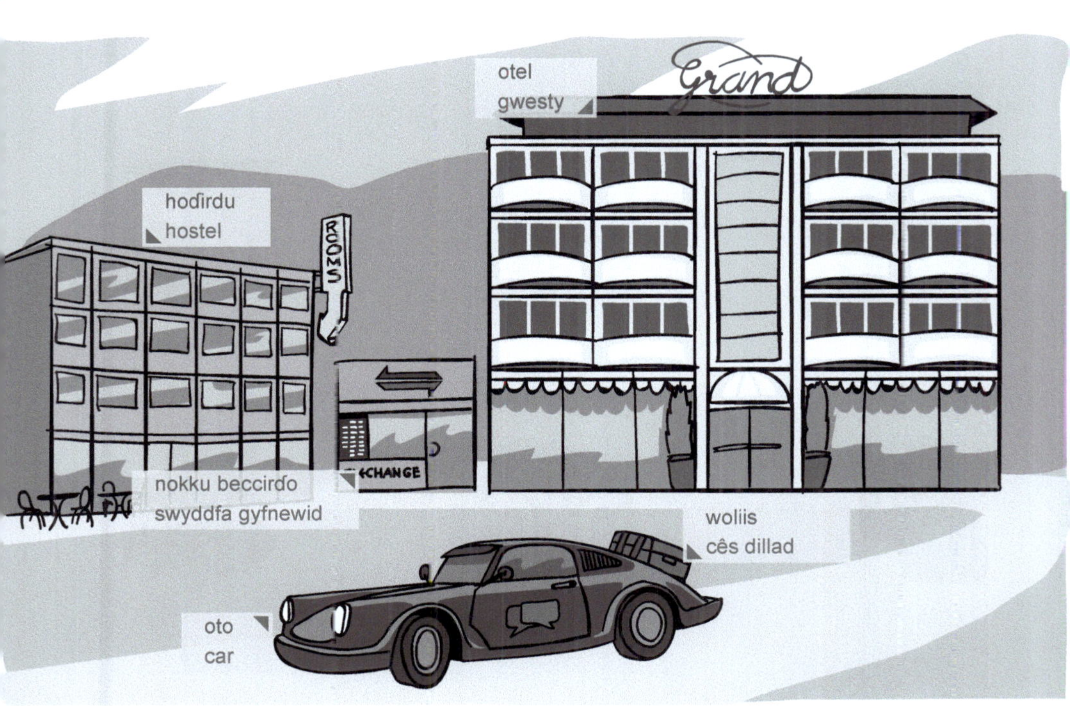
otel
gwesty
Grand
hoɗirdu
hostel
ROOMS
EXCHANGE
nokku beccirɗo
swyddfa gyfnewid
woliis
cês dillad
oto
car

ɗemngal
iaith

ey / ala
ie / na

Eyyo
iawn

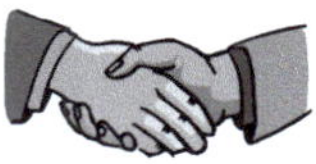

mbaɗɗa
helo

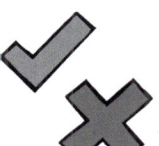

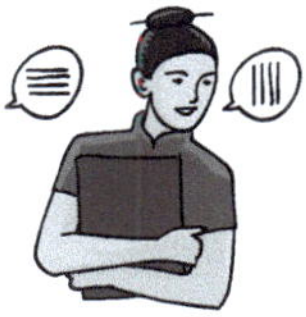

pirtoowo
cyfieithydd

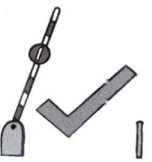

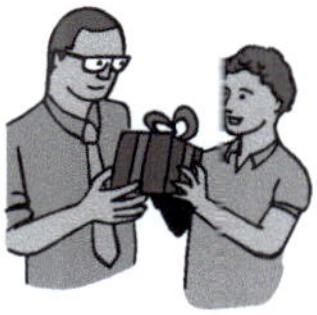

jaraama
Diolch yn fawr

hono foti...?

faint yw ...?

mi faamaani

Dw i ddim yn deall

satteende

problem

jam hiiri

Noswaith dda!

jam waali

Bore da!

jam waal

Nos da!

baay baay

hwyl

ngardiindi

cyfarwyddyd

kaake

bagiau

saak

bag

saak bakke

gwarbac

koɗo

gwestai

suudu

ystafell

saak ɗaanorɗo

sach gysgu

taanta

pabell

ɗannaade - teithio

kabaaru jillotooɗo

gwybodaeth i ymwelwyr

palaaz

traeth

kartal kered i

cerdyn credyd

kasitaari

brecwast

bottaari

cinio

hiraande

swper

tikkett

tocyn

suutde

lifft

tembere

stamp

keerol

ffin

soodooɓe

tollau

ambasaat

llysgenhadaeth

wiisa

fisa

paaspoor

pasbort

yangarta
cludiant

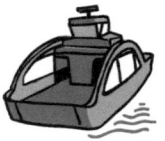

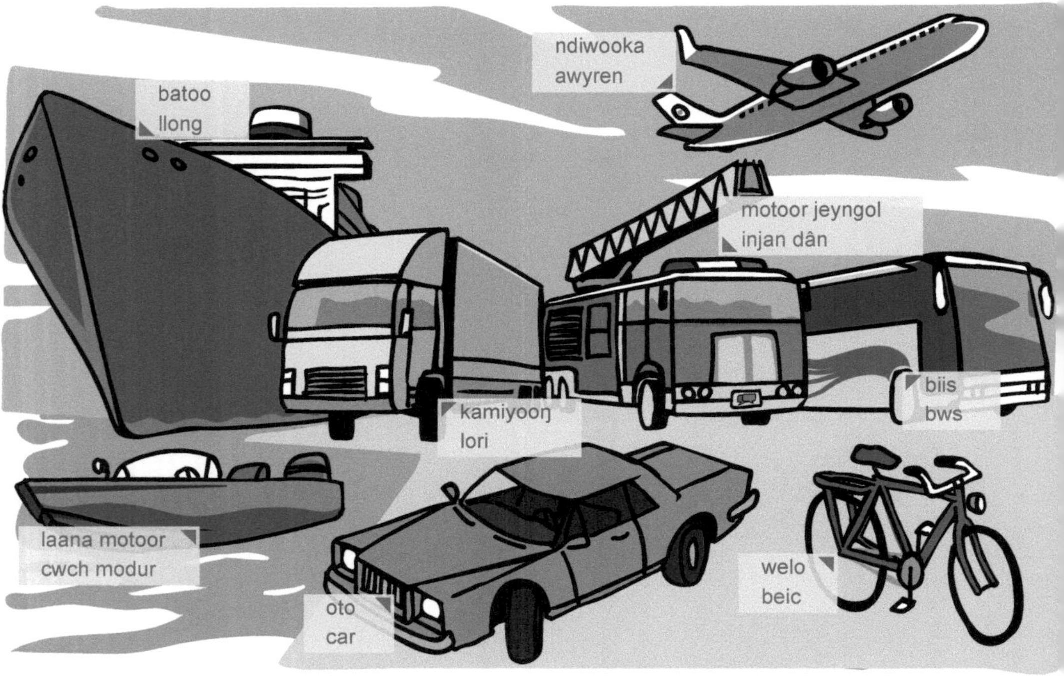
ndiwooka
awyren
batoo
llong
motoor jeyngol
injan dân
biis
bws
kamiyooŋ
lori
laana motoor
cwch modur
welo
beic
oto
car

baak

fferi

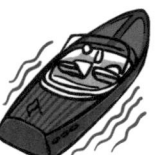

laana

cwch

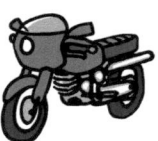

welo motoor

beic modur

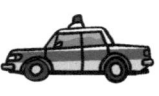

oto poliis

car yr heddlu

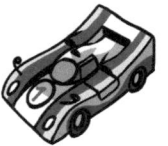

oto dandu

car rasio

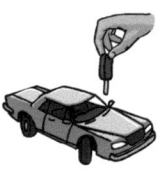

otoluwaaɗo

car wedi'i rentu

rendude oto

rhannu car

leŋge

lori tynnu

kamiyooŋ sa o

lori ysbwrie

moto

modur

gaas

tanwydd

esaaseer

gorsaf betrol

maantorde tali

arwydd traffig

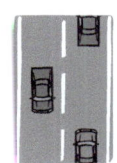

tali

traffig

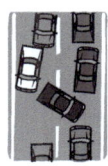

ɓittugol tali

tagfa draffig

darnirde oto

maes parcio

dartorde teree

gorsaf drennau

laabi

traciau

teree

trên

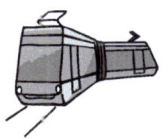

taraam

tram

nawgol

wagen

elikooteer

hofrennydd

aydapoor

maes awyr

huɓeere

tŵr

jahoowo

teithiwr

kontaneer

cynhwysydd

kees

paced

saret

cert

siwo

basged

diw / tello

esgyn / glanio

wuro

dinas

saare

pentref

hakkunde wuro

canol y ddinas

galle

tŷ

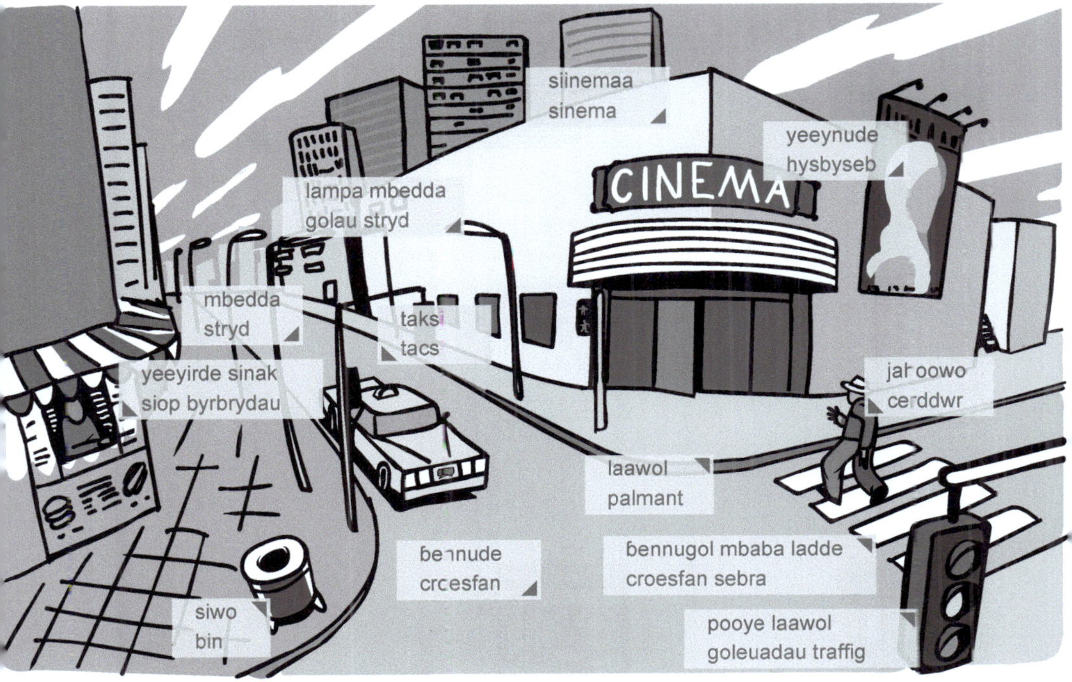

siinemaa
sinema

yeeynude
hysbyseb

lampa mbedda
golau stryd

mbedda
stryd

taksi
tacs

yeeyirde sinak
siop byrbrydau

jaɦoowo
cerddwr

laawol
palmant

beŋnude
crcesfan

bennugol mbaba ladde
croesfan sebra

siwo
bin

pooye laawol
goleuadau traffig

tiba
cwt

hoɗorde
fflat

dartorde teree
gorsaf drennau

meeri
neuadd y dref

miise
amgueddfa

duɗal
ysgol

wuro - dinas   11

jaaɓi haatirde

prifysgol

baŋke

banc

safrirdu

ysbyty

otel

gwesty

farmasii

fferyllfa

gollorde

swyddfa

yeeyirde defte

siop lyfrau

yeeyirde

siop

mo nehoowo ledɗe

siop flodau

duggere

archfarchnad

jeere

farchnad

yeeyirde diiwaan

siop adrannol

mo gawoowo

siop bysgod

nokku njeeygu

canolfan siopa

telloorde

harbwr

parka

parc

jooɗorde

banc

pooŋ

pont

ŋabbirɗe

grisiau

les leydi

rheilffordd danddaearol

laawol les

twnnel

dartorde biis

safle bws

baar

bar

restoraaŋ

bwyty

suudu posto

blwch post

maantorde mbedda

arwydd stryd

meetorde parka

mesurydd parcio

nehirde kulle

sŵ

pisiin

pwll nofio

jumaa

mosg

ngesa

fferm

bonande

llygredd

genaale

mynwent

ekiliis

eglwys

dingiral

maes chwarae

tempele

teml

satto

tirwedd

derewol
deilen

maantogal
arwydd cyfeirio

laawol
ffordd

paraad
dôl

haayre
carreg

lekki
coeden

diwoowo
heiciwr

caangol
afon

hudo
glaswellt

baramlefol
blodyn

fongo

cwm

tiwaande

bryn

weendu

llyn

dundu

coedwig

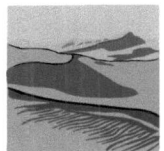

ladde

anialwch

wolkaaŋ

llosgfynydd

hoɗorde

castell

timtimol

enfys

wiiduru gaynaaꞭo

madarchen

lekki koko

palmwydden

ɓongu

mosgito

diw

pryf

ñuuñu

morgrugyn

ñaaku

gwenyn

njabala

pryf copyn

karaab

chwilen

paaɓa

llyffant

jiire

gwiwer

nguru paaɓa

draenog

wojere

ysgyfarnog

hooweere

tylluan

ndiwri

aderyn

kankaleewal

alarch

fowru

baedd

lella

carw

kooba

elc

baaraas

argae

seɗa hendu

tyrbin gwynt

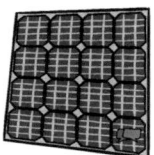

mbeɗu naange

panel haul

kilimaaŋ

hinsawdd

restoraaŋ
bwyty

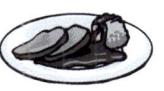

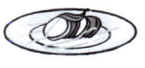

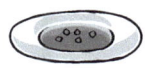

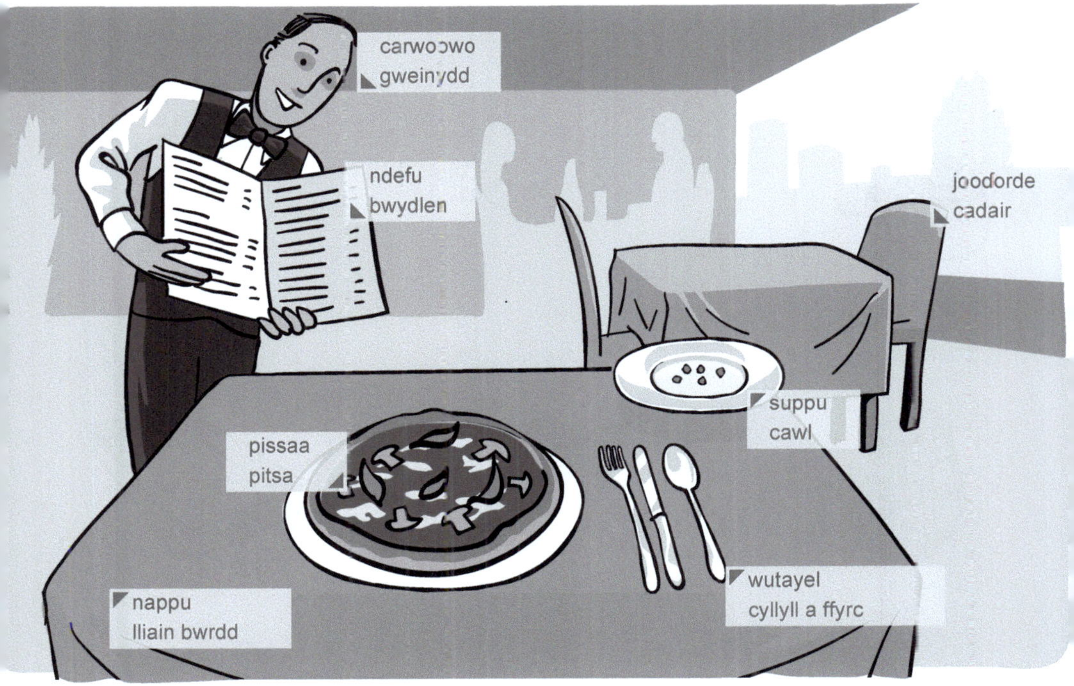
carwoɔwo
gweinydd
ndefu
bwydlen
jooɗorde
cadair
suppu
cawl
pissaa
pitsa
wutayel
cyllyll a ffyrc
nappu
lliain bwrdd

puɗɗorɗo

cwrs cyntaf

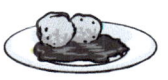

barme mawɗo

prif gwrs

deseer

pwdin

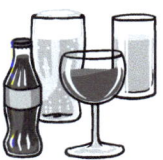

njarameeje

diodydd

ñamri

bwyd

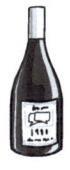

bitel

potel

fastfuut

bwyd cyflym

ñaamde mbedda

bwyd y stryd

pot ataaya

tebot

taasa suukara

powlen siwgr

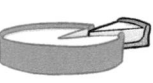

geɗal

dogn

masiŋ esperesoo

peiriant espresso

jooɗorde toownde

cadair plentyn

faktiir

bil

terey

hambwrdd

paaka

cyllell

fursett

fforc

kuddu

llwy

kuddu ataaya

llwy de

torsooŋ

napcyn

weer

gwydr

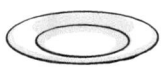

palaat

plât

palaat suppu

plât cawl

coosoowo

soser

soos

saws

ɔot lamɗam

pot halen

poobaar

melin bupur

wineegar

finegr

diwliin

olew

kaaniije

sbeisys

ketsoop

saws coch

mutaarde

mwstard

maynees

mayonnaise

duggere

archfarchnad

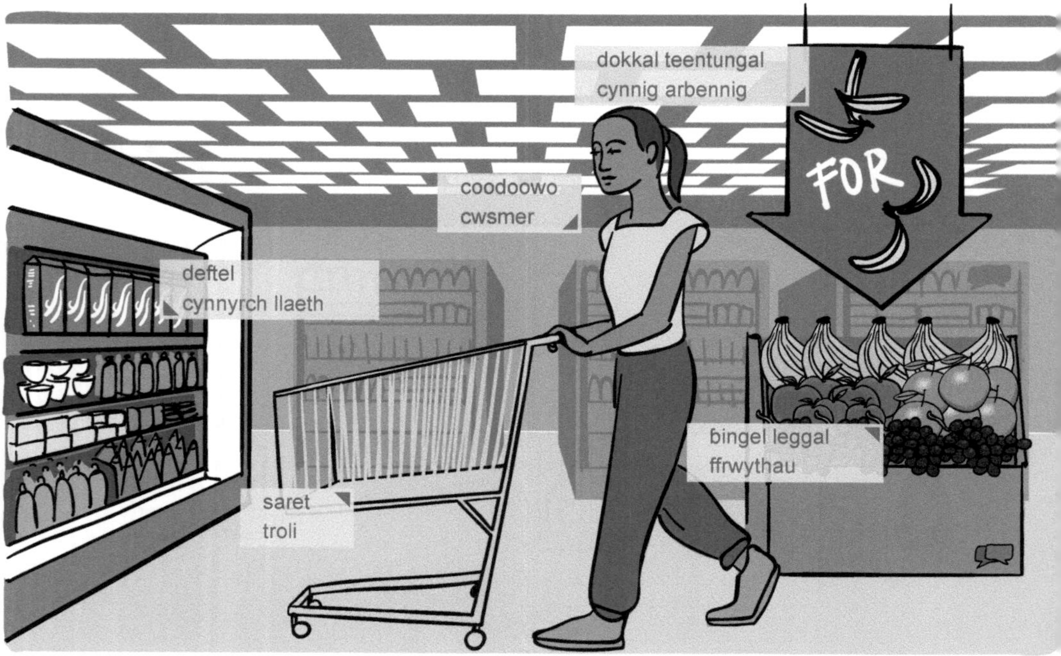

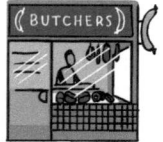

dokkal teentungal
cynnig arbennig
FOR
coodoowo
cwsmer
deftel
cynnyrch llaeth
ɓingel leggal
ffrwythau
saret
troli

BUTCHERS

mo jeeyoowo teewu

siop gig

BAKERY

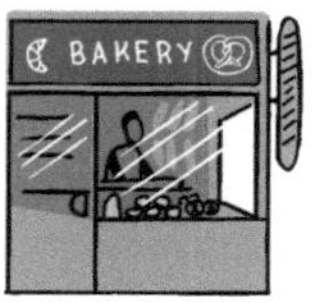

mo piyoowo mburu

siop fara

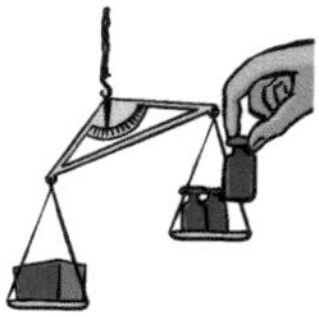

ɓett

pwyso

ɓiɓe leɗɗe

llysiau

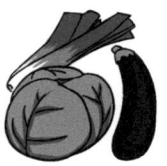

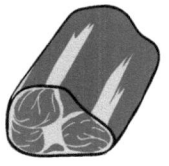

teewu

cig

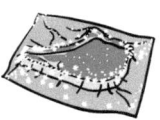

ñamri fendiindi

Bwyd wedi'i rewi

teewu ɓuuɓngu

cig oer

ñamri

bwyd tun

omo

powdr golchi

tangaleeji

da-da

geɗe galle

cynnyrch cartref

geɗe laɓɓinooje

cynhyrchion glanhau

jeeyoowo

gwerthwraig

hippoode

til

ngaluyanke

ariannwr

limo soodetee

rhestr siopa

waktuuji gudditeeɗi

oriau agor

kalbe

waled

kartal keredii

cerdyn credyd

saak

bag

saak dalli

bag plastig

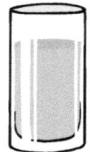

ndiyam

dŵr

sii

sudd

kosam

llefrith

Koowk

côc

sangara

gwin

sangara

cwrw

alkol

alcohol

koka

coco

ataaya

te

kafe

coffi

esperesoo

espresso

kaputsiino

cappuccino

banaana

ffrwchledd

pomere

afal

oraaŋs

oren

dende

melon

limoŋ

lemwn

karott

moronen

laac

garlleg

bambuu

bambŵ

soblere

nionyn

wiiduru gaynako

madarchen

gerte

cnau

kodde

nwdls

espaketii

sbageti

maaro

reis

solaat

salad

sipse

sglodion

padaas pasnaaɗo

tatws wedi'u ffrïo

pissaa

pitsa

amburgoor

hambyrger

sandiis

brechdan

tayre

cytled

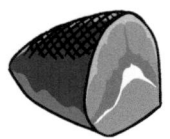

heltinde

ham

salaami

salami

soosiis

selsig

gertogal

cyw iâr

juɗe

rhost

liingu

pysgodyn

karaw

ceirch uwd

miyesli

miwsli

butaali makka

creision ŷd

cafka

blawd

koraasaŋ

croissant

loocol mburɹ

bynsen

mburu

bara

mburu

tost

mbiskit

bisgedi

boor

menyn

caakri

ceuled

ngato

teisen

boofoode

wy

ɓofoode defaaɗo

wy wedi'i ffrïo

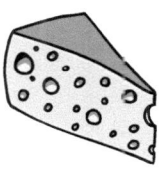

formaas

caws

kerem galaas

hufen iâ

suukara

siwgr

njuumri

mêl

piire

jam

soosde sokola

siocled taenu

kiri

cyri

ngesa
fferm

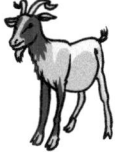

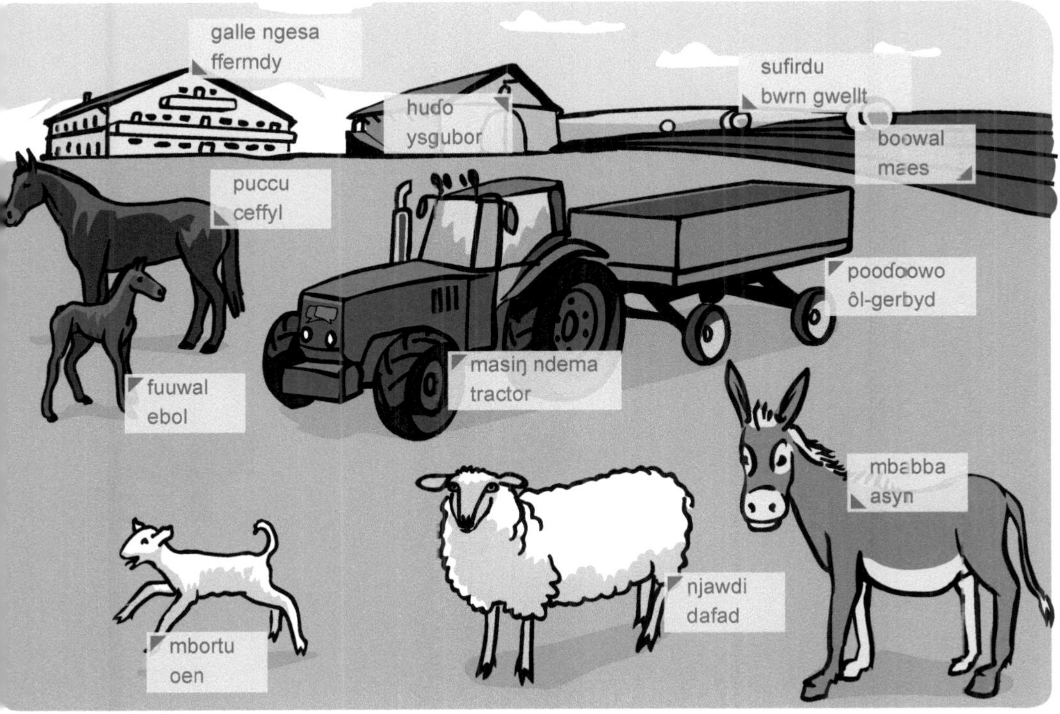
galle ngesa
ffermdy
huɗo
ysgubor
sufirdu
bwrn gwellt
boowal
maes
puccu
ceffyl
pooɗoowo
ôl-gerbyd
masiŋ ndema
tractor
fuuwal
ebol
mbabba
asyn
njawdi
dafad
mbortu
oen

ndamndi

gafr

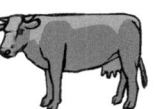

ngaari

buwch

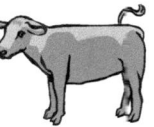

ñale

llo

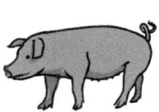

mbaba tugal

mochyn

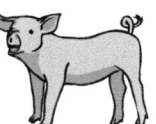

ɓingel tugal

porchell

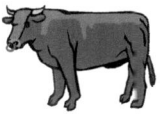

ngaari

tarw

jaawalal	jaawangal	gertogal
gwydd	hwyaden	cyw

jarlal	ngori	doombru
iâr	ceiliog	llygoden fawr

ulluundu	dombru	ngaari
cath	llygoden	ych

rawaandu	suudu rawaandu	lekki werte
ci	cwt ci	pibell ddŵr

bitel ndiyam	jalo	jabbude
can dŵr	pladur	aradr

wafdu

cryman

caga

fforch chwynu

furset yettirc̓o

picwarch

jambere

bwyell

burwett

berfa

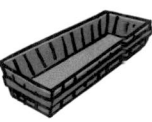

jardugal

cafn

bitel kosam

tun llefrith

bonnude

sach

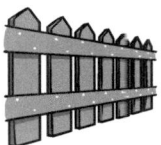

heerorde

ffens

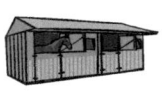

dari

stabl

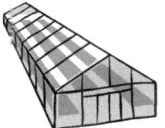

resofmaaŋ

tŷ gwydr

leydi

pridd

aawdi

hedyn

engere

gwrtaith

rendin coñoɔwo

dyrnwr medi

soñ

cynaeafu

coñal

cynhaeaf

ñambi

iamau

ndiyamiri

gwenith

soozaa

soi

padaas

tysen

makka

grawn

aawdi adan

had rêp

lekki besnooki

coeden ffrwythau

kasaawa

manioc

gawri

grawnfwydydd

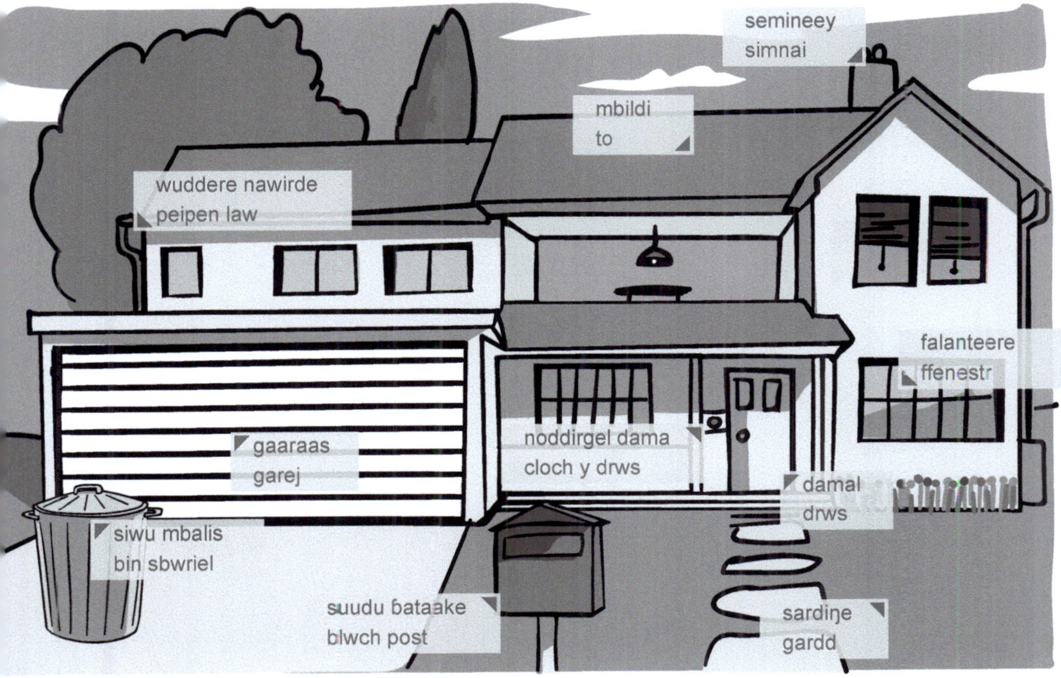

semineey
simnai

mbildi
to

wuddere nawirde
peipen law

falanteere
ffenestr

gaaraas
garej

noddirgel dama
cloch y drws

damal
drws

siwu mbalis
bin sbwriel

suudu ɓataake
blwch post

sardiɲe
gardd

saal
lolfa

lootorde
ystafell ymolchi

waañ
cegin

suudu lelteendu
ystafell wely

suudu suka
ystafell plentyn

suudu hirtorɗu
ystafell fwyta

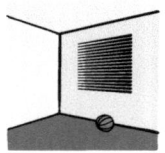

leydi

llawr

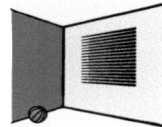

miir

wal

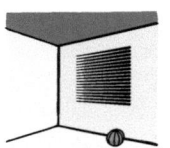

dira

nenfwd

masiŋel

seler

soona

sawna

balkooŋ

balconi

teeraas

teras

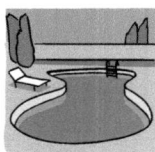

pisin

pwll

tondoos

peiriant torri gwair

kaayit

taflen

mbertanteeri

gorchudd gwely

lelnde

gwely

pittirɗe

ysgub

siwoo

bwced

waylu

swits

galle - tŷ

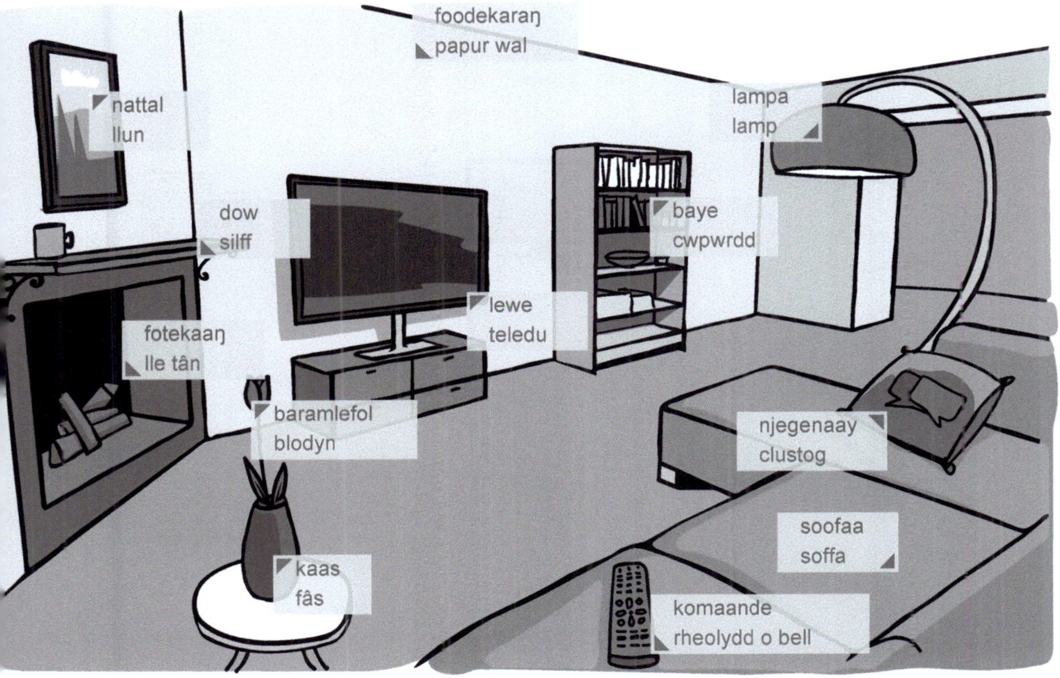

foodekaraŋ
papur wal

nattal
llun

lampa
lamp

dow
silff

baye
cwpwrdd

lewe
teledu

fotekaaŋ
lle tân

baramlefol
blodyn

njegenaay
clustog

soofaa
soffa

kaas
fâs

komaande
rheolydd o bell

tappi

carped

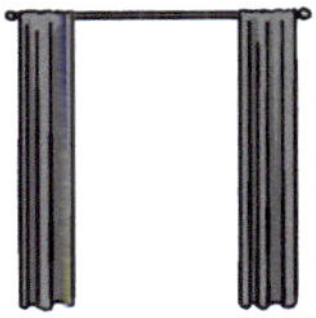

rido

llen

taabal

bwrdd

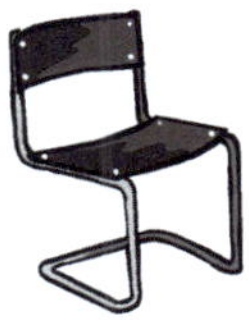

jooɗorde

cadair

jooɗorde timmunde

cadair siglo

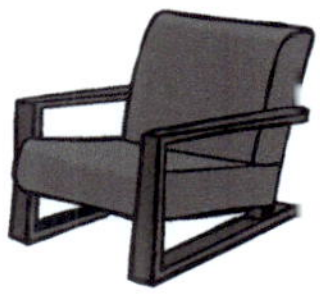

tuggorde

cadair freichiau

deftere

llyfr

suddaare

blanced

cinki

addurn

docotal

coed tân

filmo

ffilm

kuutorɗe hi-fi

hi-fi

caabi

agoriad

jaaynde

papur newydd

pentiirde

darlun

posteer

poster

haalirde

radio

deftel mooftirgel

llyfr nodiadau

ŋabbude

hwfer

siwo lekki

cactws

sondel

cannwyll

waañ
cegin

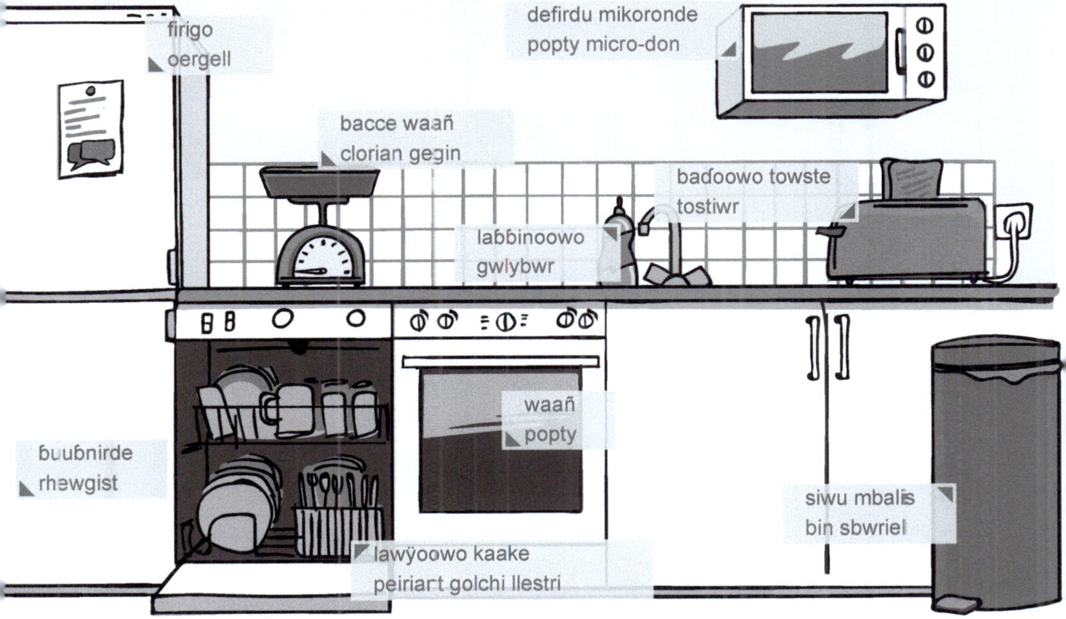

firigo
oergell
defirdu mikoronde
popty micro-don
bacce waañ
clorian gegin
baɗoowo towste
tostiwr
labbinoowo
gwlybwr
waañ
popty
ɓuuɓnirde
rhewgist
siwu mbalis
bin sbwriel
lawyoowo kaake
peiriant golchi llestri

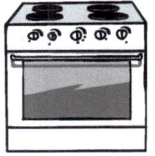

defoowo

popty

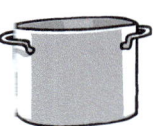

pot

pot

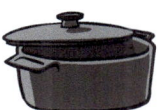

pot baɗɗo njamdi

pot haearn bwrw

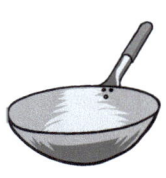

lehel

wok / kadai

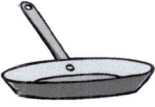

lahal

padell

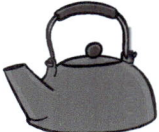

baraade

tegell

gulnoowo

sosban stemio

fuur cumirɗo

hambwrdd pobi

wiisirde

llestri

kaas

mwg

taasa

powlen

bakett

gweill bwyta

heɗirde

lletwad

kuundal

ysbodol

burgal

chwisg

gulnirɗo

hidlydd

pool

gogr

koosoowo

gratiwr

wowru

morter

njuɗu

barbeciw

lewlewndu

tân agored

alluwal tayirgal

bwrdd torri cig

dullirgal

rholbren

tenaay

tynnwr corcyn

potyel

tun

udditirɗo potyel

peth agor tuniau

jaggoowo pot

clwt pot

lawÿirde

sinc

borisde

brws

epoos

sbwng

jiiɓoowo

peiriant cymysgu

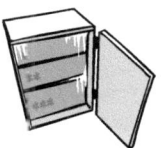

firigo juutɗo

rhewgell

bitel tiggu

potel babi

robine

tap

lootorde
ystafell ymolchi

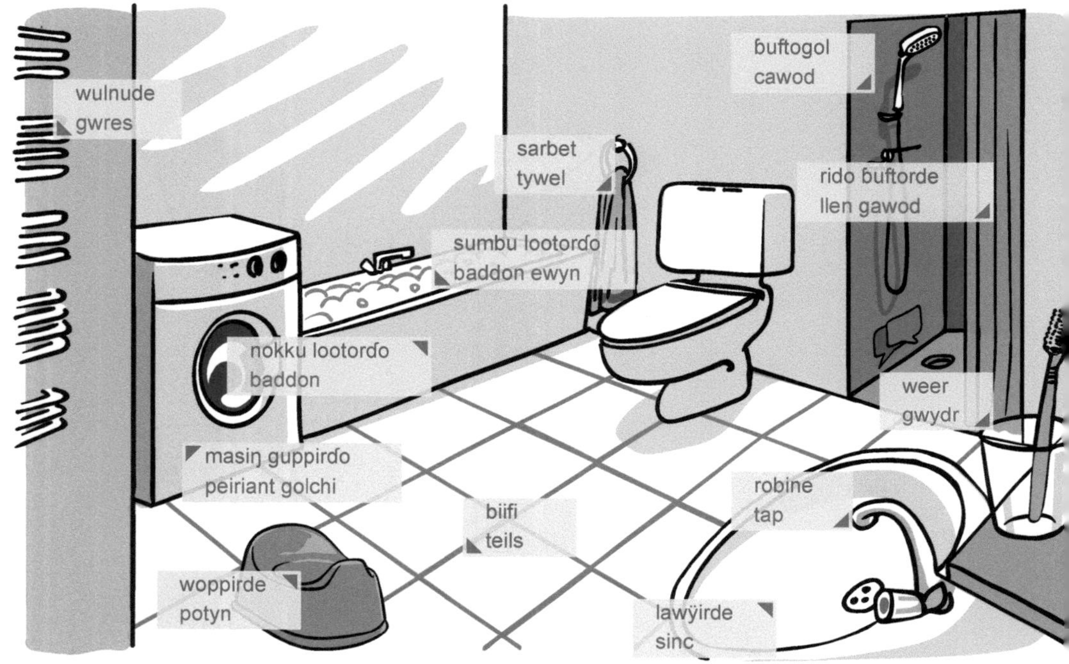

ɓuftogol
cawod

wulnude
gwres

sarbet
tywel

rido ɓuftorde
llen gawod

sumbu lootorɗo
baddon ewyn

nokku lootorɗo
baddon

weer
gwydr

masiŋ guppirɗo
peiriant golchi

biifi
teils

robine
tap

woppirde
potyn

lawÿirde
sinc

heblorde	yaltirde les	yaltirde
tŷ bach	toiled cyrcydu	bidet

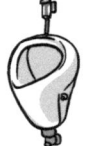

soofirde	kaayit heblorde	boros heblorde
troethfa	papur tŷ bach	brws tŷ bach

boros ñiiÿe

brws dannedd

pat cocorɗo

past dannedd

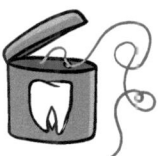

cocorgal

edau ddannedd

lawyu

golchi

buftorde jungo

cawod llaw

jampe

golchfa

taasa

basn

boros keeci

brws-ôl

saabunde

sebon

nebam buftorde

gel cawod

sampoye

siampŵ

lootoge

gwlanen

yupude

ffos

mileen

hufen

lati

diaroglyɗd

daarogal

drych

daarogal jungo

drych llaw

rasuwaar

rasel

sumbu pemborɗo

ewyn eillio

lallitirde

sent eillio

koomu

crib

boros

brws

yoorno hoore

sychwr gwallt

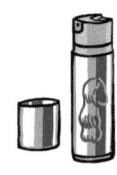

uurna hoore

chwistrell gwallt

makiyaas

colur

lippo

minlliw

emaaye segene

farnais ewinedd

wiro

gwlân cotwm

sisooje segene

siswrn ewinedd

parfooŋ

persawr

40 lootorde - ystafell ymolchi

saawdu lawyirdu

bag ymolchi

kuudi

stôl

bacce ɓetirdǝ

clorian

wutte lootorɗo

gŵn baddon

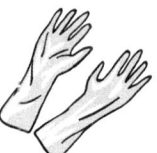

kawaseeje dalli

menig rwber

tampooŋ

tampon

sarbet laɓɓinoorɗo

tywel misglwyf

lootogol cellungol

tɕiled cemegol

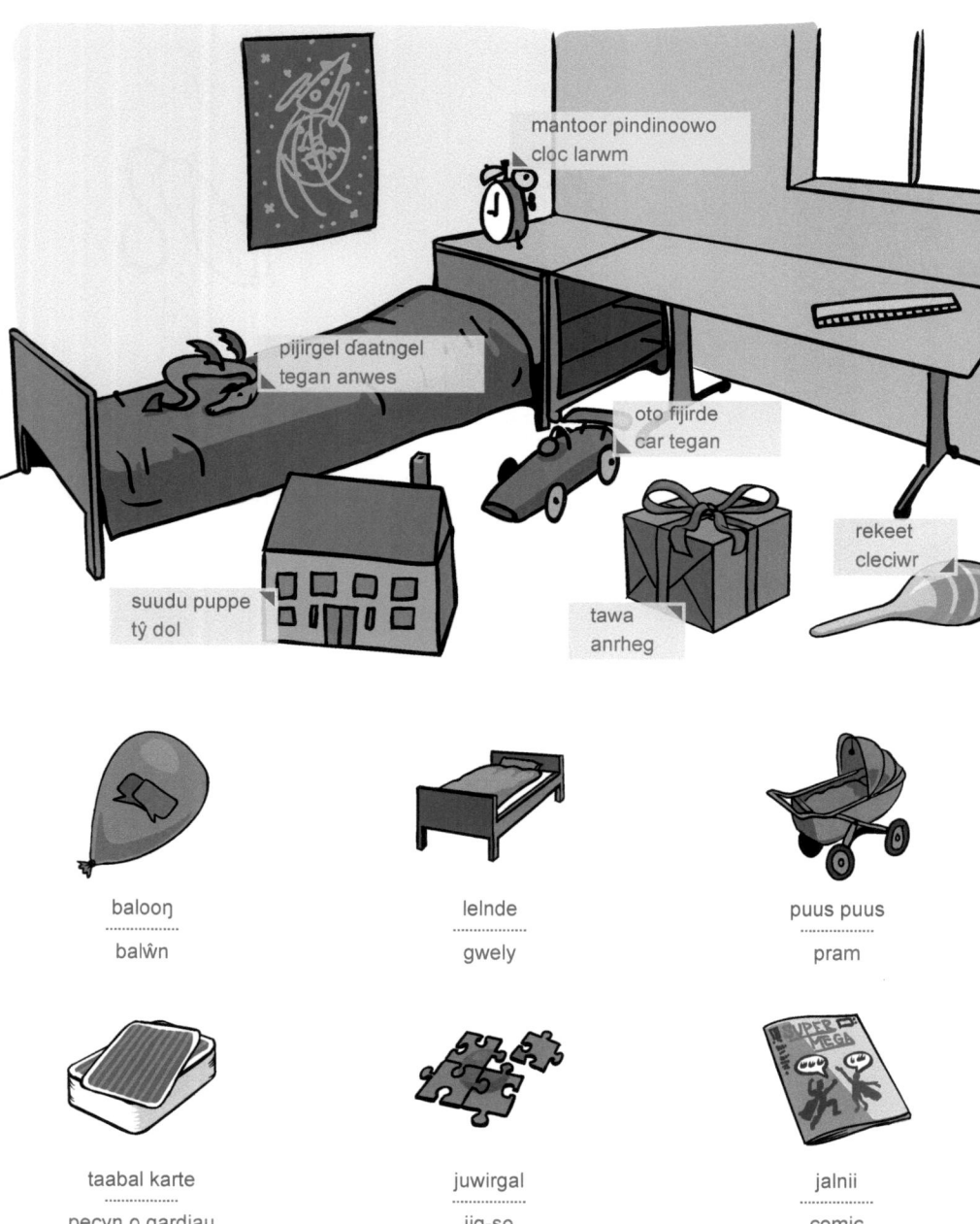

mantoor pindinoowo
cloc larwm

pijirgel ɗaatngel
tegan anwes

oto fijirde
car tegan

suudu puppe
tŷ dol

tawa
anrheg

rekeet
cleciwr

balooŋ
balŵn

lelnde
gwely

puus puus
pram

taabal karte
pecyn o gardiau

juwirgal
jig-so

jalnii
comic

tuufeeje lego

brics Lego

kaaÿe maadi

blociau adeiladu

pijirgel suka

ffigur gweithredu

wutte suka

babygro

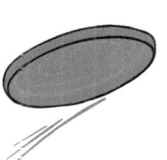

mbiifu

ffrisbi

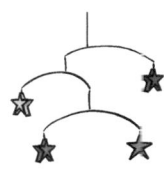

noddirgel

ffôn symudol

fijirde alluwal

gêm fwrdd

dee

deis

tereŋ jahiroowo batiri

set model trên

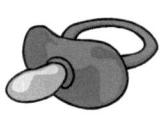

daaydo

teth lwgu

hiirde

parti

deftere natte

llyfr lluniau

bal

pêl

puppe

dol

fij

chwarae

ngaska leydi

pwll tywod

yirlude

swing

pijirɗe

teganau

fijirde widoo peley

consol gemau fideo

biifi tati

beic tair olwyn

uluundu pijirgel

tedi

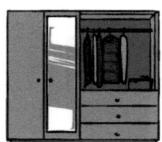

woliis

cwpwrdd dillad

ɓoornogol

dillad

kawaseeje

hosanau

baardinirɗi

hosanau

dogirɗi

teits

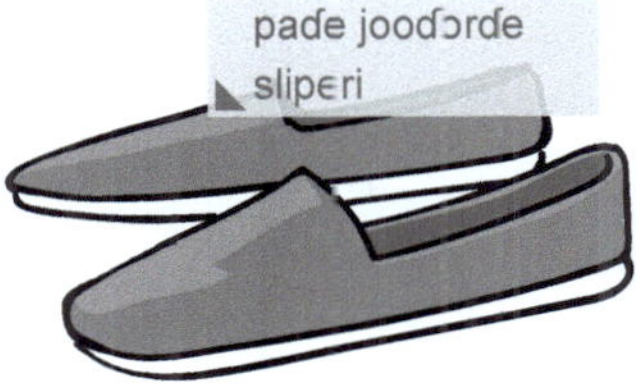

muurnorde
sgarff

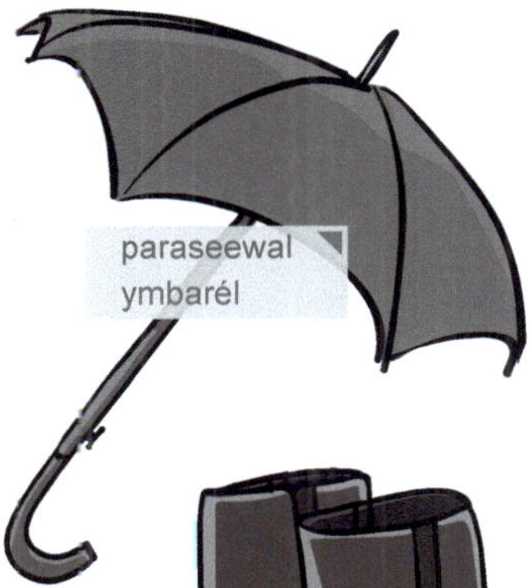

paraseewal
ymbarél

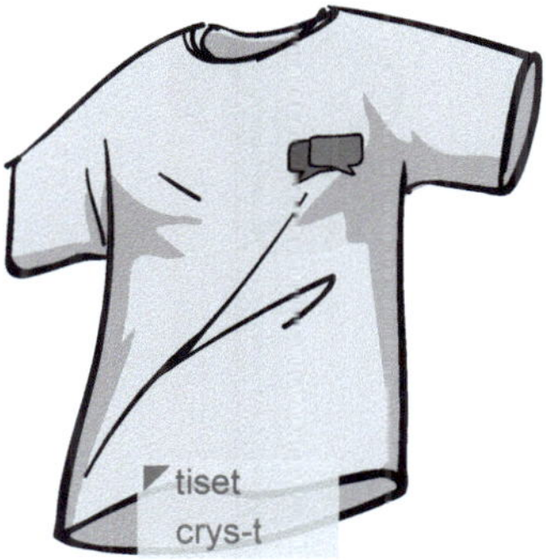

tiset
crys-t

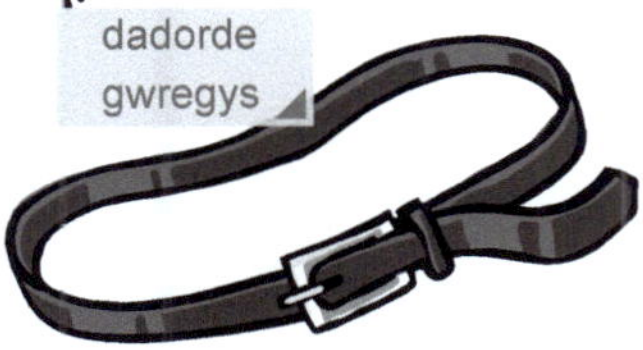

dadorde
gwregys

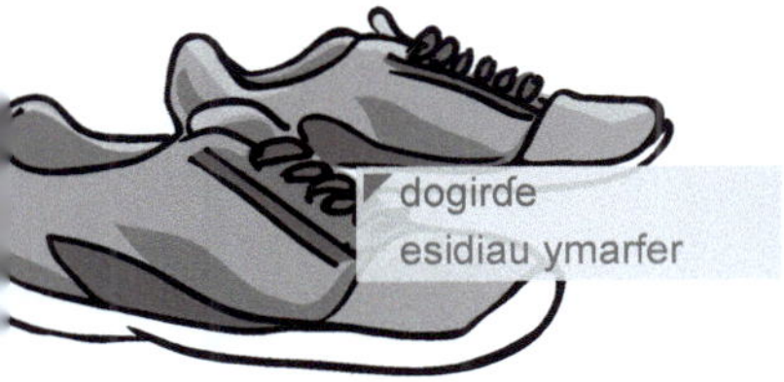

bataaje
esgidiau

pađe joođorđe
slipɛri

dogirđe
esidiau ymarfer

caraax
....
sandalau

pađe
....
esgidiau

bataaje dalli
....
esgidiau rwber

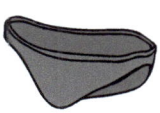

cakkirđi
....
trôns

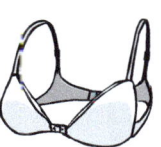

site ŋoos
....
bra

weste
....
fest

ɓandu	tuuba	jiin
corff	trowsus	jîns

sippu	buluus	wuttel
sgert	blows	crys

piliweer	njallaaba	balaseer suka
pwlofer	hwdi	blaser

jakett	sabandoor	wutte toɓo
siaced	côt	côt law

kossim	robbo	wutte cuddungu
gwisg	gŵn	gwisg briodas

cakkirɗo

siwt

robbo baalduɗo

gŵn nos

baaluɗi

pyjamas

sari

sari

fiilorde

sgarff pen

kaala

tyrban

misoor

bwrca

haftan

cafftan

abaaye

abaya

lumborɗo

gwisg nofio

leɗɗe

trowsus nofio

kilooɗi

siorts

dewirɗi

tracwisg

aparooŋ

ffedog

kawase

menig

nebbu	lone	jawo
botwm	sbectol	breichled

cakka	feggere	hootonde
cadwyn	modrwy	clustdlws

laafa	jaggirgal sabandoor	kufna
cap	cambren	het

karwaat	korsude	tengaade
tei	sip	helmed

jawe	wutte jaŋirɗo	dadorɗo
fframiau danedd	gwisg ysgol	gwisg

nappu suka

bib

daaydo

teth lwgu

fooftini

cewyn

gollorde
swyddfa

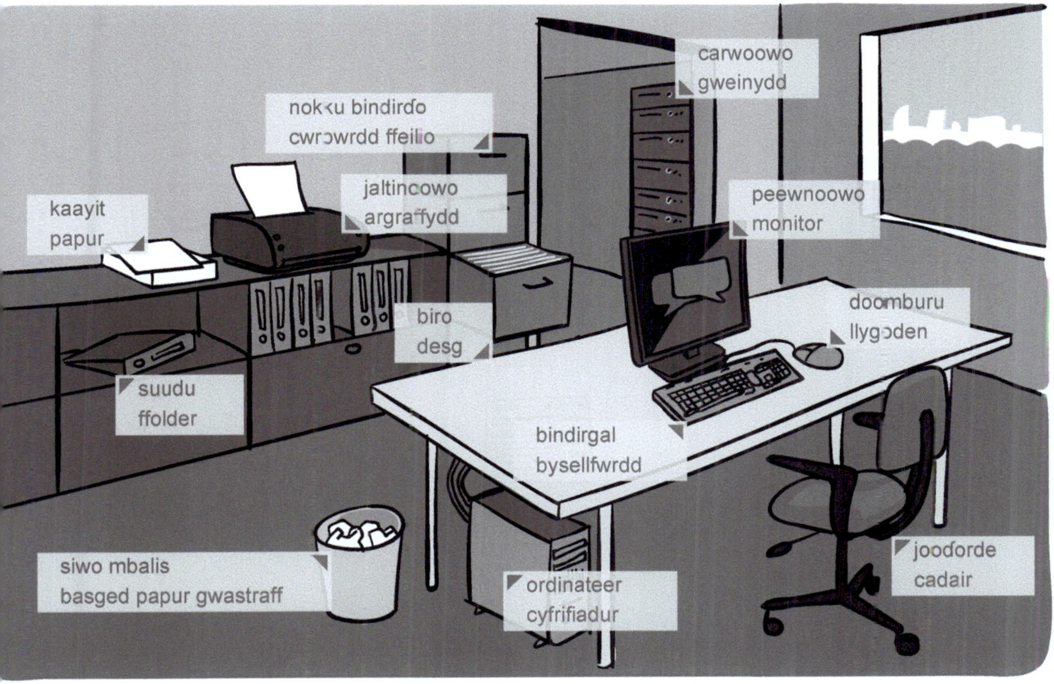

carwoowo
gweinydd

nokku bindirdo
cwrowrdd ffeilio

jaltincowo
argraffydd

peewnoowo
monitor

kaayit
papur

biro
desg

doomburu
llygoden

suudu
ffolder

bindirgal
bysellfwrdd

siwo mbalis
basged papur gwastraff

ordinateer
cyfrifiadur

joodorde
cadair

koppu kafe

mwg coffi

tongirde

cyfrifiannell

enternet

rhyngrwyd

ordinateer

gliniadur

bataake kaayit

llythyr

bataake

neges

noddirgel

ffôn symudol

jokkondiral

rhwydwaith

nandinoowo

llungopïwr

kuutorgel

meddalwedd

noddirgel

teleffon

piriis

soced plwg

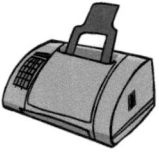

masiŋ faksii

peiriant ffacs

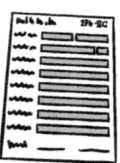

sifaa

ffurflen

kaayit

dogfen

sood

prynu

yob

talu

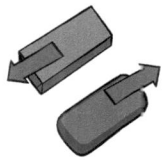

yeey

masnachu

kaalis

arian

USD

dolaar

doler

EUR

oro

ewro

JPY

yeen

yen

RUB

ruubal

rwbl

CHF

siiwis farayse

ffranc y Swistir

CNY

yuwaan renminbi

yuan renminbi

INR

ruppii

rwpi

nokku ngalu

peiriant arian

nokku beccirɗo

swyddfa gyfnewid

kaŋe

aur

kaalis

arian

peteroŋ

olew

doole

ynni

coggu

pris

jokkondiral

contract

lempo

treth

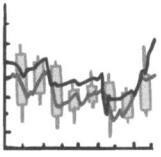

jeyii

stoc

liggo

gweithio

liggotooɗo

cyflogai

ligginoowo

cyflogwr

isin

ffatri

yeeyirde

siop

golle
swyddi

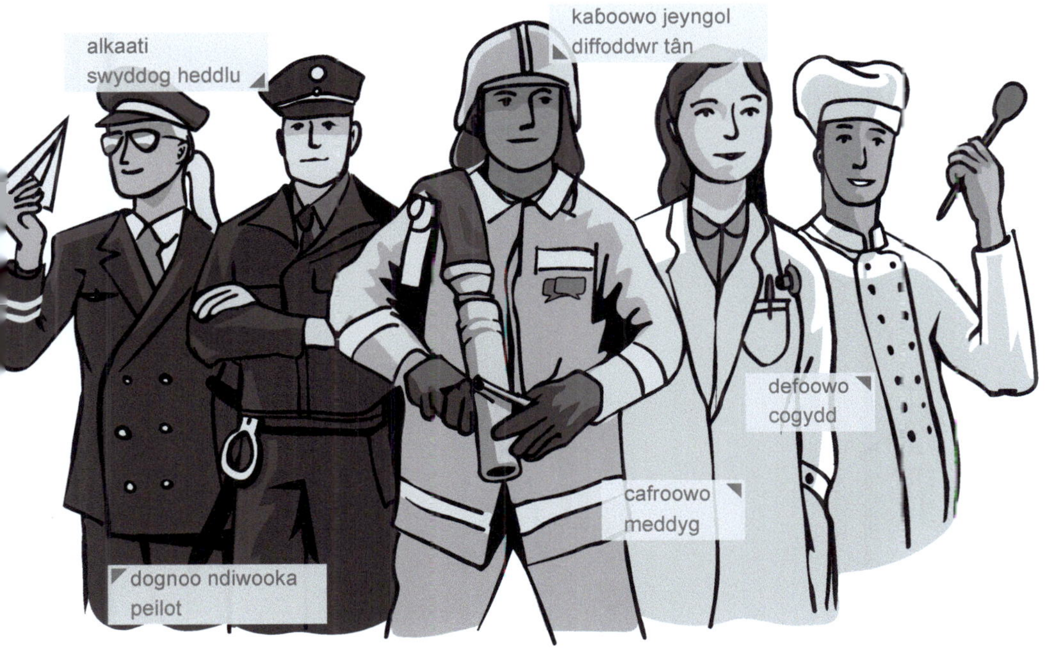

alkaati
swyddog heddlu
kaboowo jeyngol
diffoddwr tân
defoowo
cogydd
cafroowo
meddyg
dognoo ndiwooka
peilot

mooftoowo

garddwr

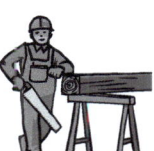

meniise

saer

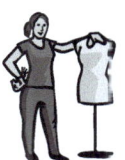

gawoowo debbo

gwniadwraig

ñaawoowo

barnwr

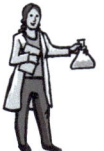

simiyanke

fferyllydd

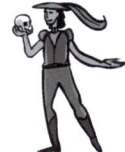

aktoor

actor

diirnoowo biis

gyrrwr bws

diirnoowo taksi

gyrrwr tacsi

gawoowo

pysgotwr

debbo pittoowo

glanhawraig

biloowo

töwr

carwoowo

gweinydd

baañoowo

heliwr

diidoowo

paentiwr

piyoo mburu

pobydd

peewnoo jeyngol

trydanwr

mahoowo

adeiladwr

eseñoor

peiriannydd

buusee

cigydd

polombiyee

plymiwr

neɗɗo posto

dyn y post

soldaat

milwr

arsitekte

pensaer

ngaluyanke

ariannwr

 leɗɗeyanke

gwerthwr blodau

mooroowo

triniwr gwallt

diirnoowo

archwiliwr tocynnau
rheilffordd

peenoowo jamɗe

mecanydd

gardiiɗo

capten

safroowo ñiiỹe

deintydd

gando

gwyddonydd

babbiin

rabi

almaami

imam

muwaan

mynach

neɗɗo alla

clerigwr

kuutorɗe
offer

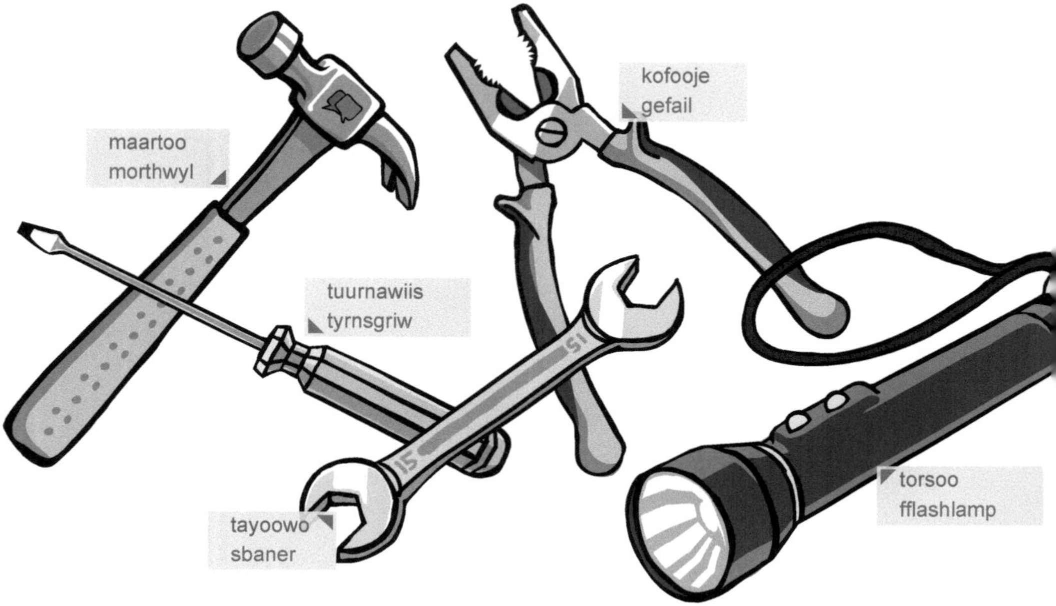

maartoo
morthwyl
kofooje
gefail
tuurnawiis
tyrnsgriw
tayoowo
sbaner
torsoo
fflashlamp

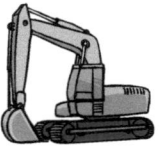

ngasirdi

turiwr

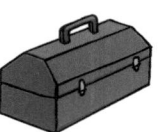

suudu kuutorɗe

blwch offer

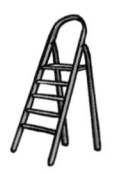

seel

ysgol

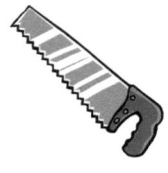

siiy

llif

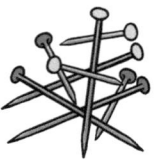

pontooje

hoelion

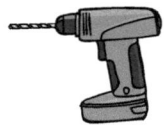

yuwirde

dril

feewnit

trwsio

nokkirde

rhaw

sooot

Daria!

peel

rhaw lwch

pot diidirɗo

pot paent

wiisuuji

sgriwiau

pijirɗe

offerynnau cerdd

buuba
set drym au

nikoro
uchelseinydd

dubal baas
bas dwbl

allaadu
trwmped

gitaar
gitâr

piyaano

piano

ñaañooru

ffidil

baas

bas

timpaan

timpani

bawɗi

drymiau

bindirgal

cyweirfwrdd

saksofooŋ

sacsoffon

coolumbel

ffliwt

haaldude

meicroffon

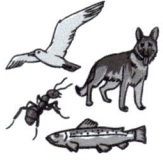

nehirde kulle
sŵ

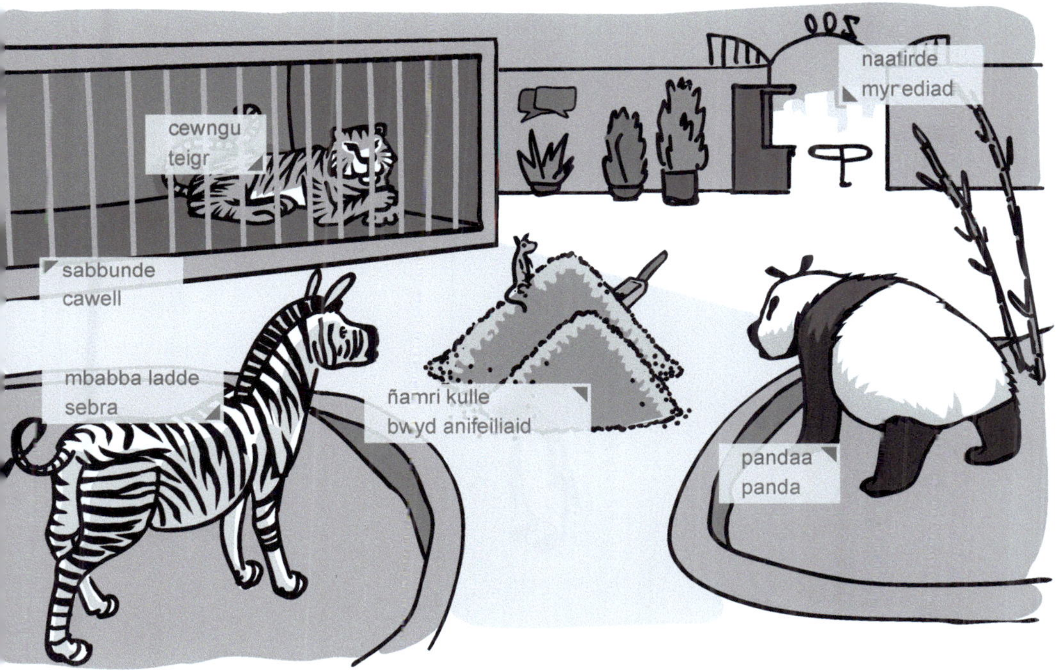

cewngu
teigr
naatirde
mynediad
sabbunde
cawell
mbabba ladde
sebra
ñamri kulle
bwyd anifeiliaid
pandaa
panda

kulle

anifeiliaid

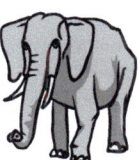

ñiiwa

eliffant

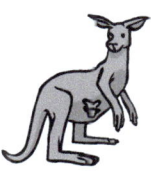

kanguruu

cangarŵ

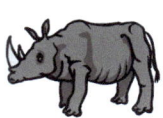

liwoongu

rhinoseros

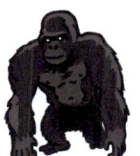

waandu

gorila

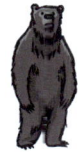

fowru

arth

ngelooba

camel

jaawagal

estrys

mbaroodi

llew

golo

mwnci

ñaarpural

fflamingo

seku

parot

fowru nees

arth wen

peŋwee

pengwin

reke

siarc

ngoriyal

paun

mboddi

neidr

nooro

crocodeil

deenoowo kulle

gofalwr sŵ

liingu

morlo

cewngu

jagwar

molel puccu

merlyn

cewlu

llewpard

ngabu

hipo

ñamala

jiráff

ciilal

eryr

fowru

baedd

liingu

pysgodyn

heende

crwban

morsee

walrws

daga

llwynog

lella

gafrewig

cofte balli
chwaraeon

fugu koyngel Amarik
pêl-droed America

welo
beicio

teniis
tennis

basket
pêl-fasged

lumbaade
nofio

okey e galaas
hoci iâ

bokse
bocsio

fugu koyngel

pêl-droed

badminton

badminton

dogduuji

athletau

fugu jungo

pêl-law

eskiiy

sgïo

polo

polo

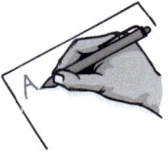

golle
gweithgareddau

diw
neidio
uurno
cofleidio
jal
chwerthin
yah
cerdded
yim
canu
hoyɗu
breuddwydio
juul
gweddïo
ɓuuco
cusanu

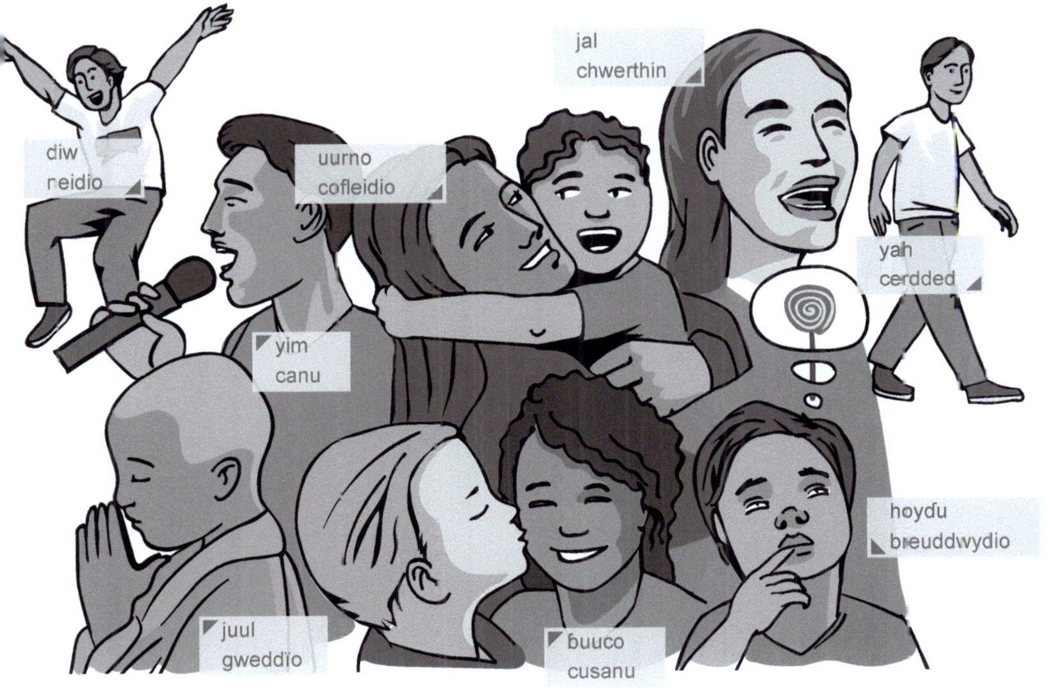

windu
ysgrifennu

diid
tynnu

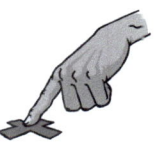

hollu
dangos

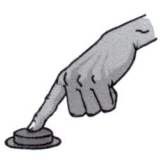

duñ
gwthio

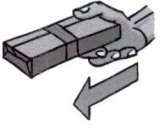

rokku
rhoi

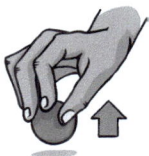

naw
cymryd

jogo

bod gan

waɗ

gwneud

won

bod

daro

sefyll

dog

rhedeg

ittu

tynnu

weddo

taflu

yan

disgyn

fen

gorwedd

fad

aros

naw

cario

jooɗo

eistedd

ɓoorno

gwisgo amdanoch

ɗaano

cysgu

finn

deffro

ndaar

edrych ar

woy

crïo

fiiy

anwesu

koomu

cribo

haal

siarad

faam

deall

naamdo

gofyn

hetto

gwrando

yar

yfed

ñaam

bwyta

habbu

tacluso

yiɗ

caru

def

coginio

diirnu

gyrru

diw

hedfan

awyu

hwylio

lim

cyfrifo

jangu

darllen

jangu

dysgu

liggo

gweithio

res

priodi

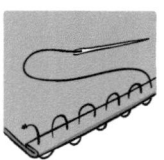

aaw

gwnïo

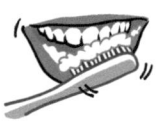

boris ñiiÿe

brwsio dannedd

war

lladd

simmo

ysmygu

neldu

anfon

raaɗo debbo

taaniraaɗo gorko
taid

baaba
tad

yumma
mam

tiggu
baban

biɗɗo deɔbo
merch

biɗɗo gorko
mab

koɗo
....
gwestai

gogo
....
modryb

kaawiraaɗo
....
ewythr

mawniraaɗo gorko
....
brawd

mawniraaɗo debbo
....
chwaer

ɓandu
corff

tiinde
talcen
yitere
llygad
walabo
ysgwydd
feɗeendu
bys
yeeso
wyneb
waare
gên
jungo
llaw
korlal
coes
endu
bron
jungo
braich

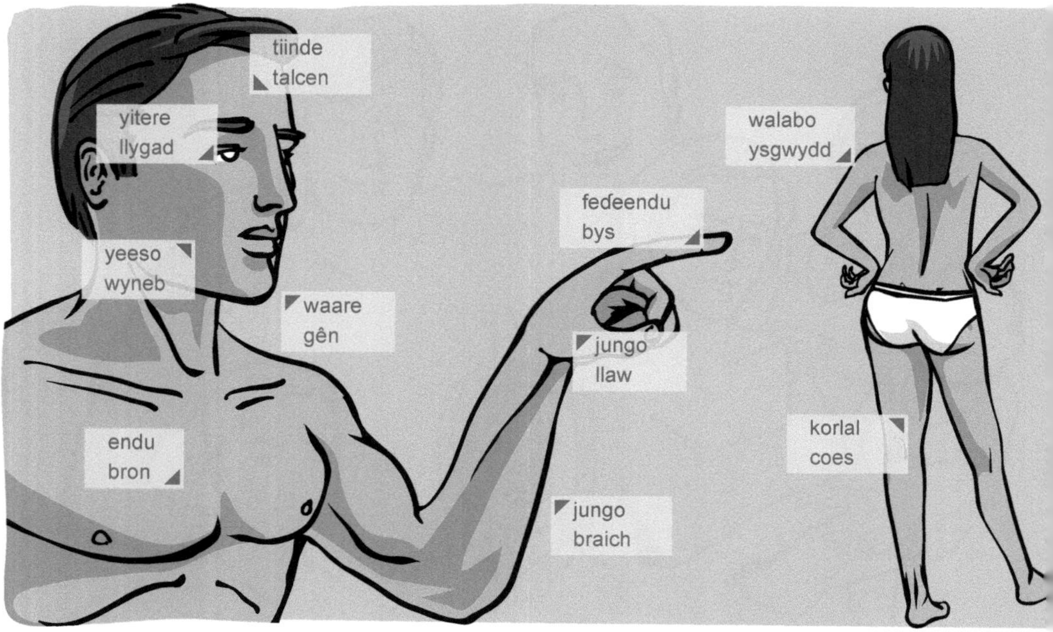

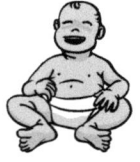

tiggu

baban

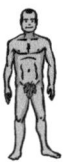

gorko

dyn

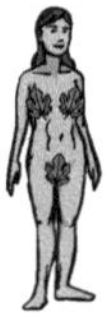

debbo

gwraig

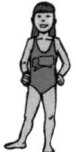

debbo

geneth

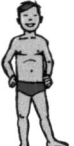

gorko

bachgen

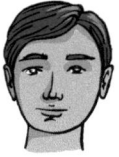

hoore

pen

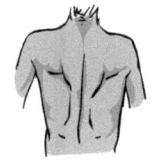

keeci

cefn

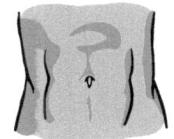

reedu

bel

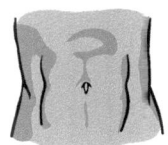

wudduru

bogail

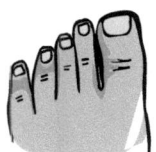

feɗeendu

bys troed

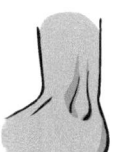

njaaɓordi

sawdl

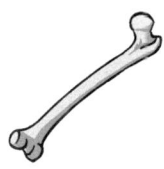

ÿiyal

asgwrn

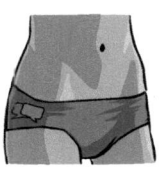

buhal

clun

hofru

pen-glin

fooŋturu

penelin

hinere

trwyn

gaɗa

pen ôl

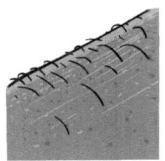

nguru

croen

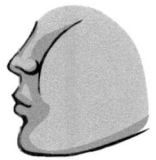

abɓuko

boch

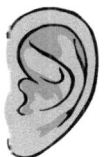

nofru

clust

tondu

gwefus

hunuko

ceg

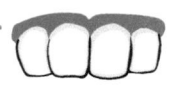

ñiire

dant

ɗemngal

tafod

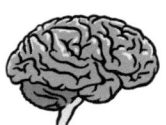

ngaandi

ymennydd

bernde

calon

ÿiye

cyhyr

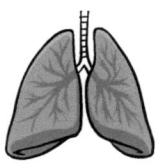

jofe

ysgyfaint

heeñere

iau

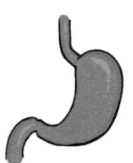

kuuse

stumog

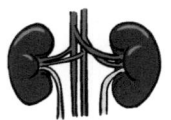

booÿe

arennau

leldaade

rhyw

kawasal

condom

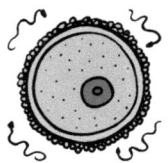

ɓoccoonde

ofwm

maniiyu

semen

cowagol

beichiogrwydd

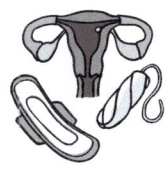

ella
....
mislif

kottu
....
fagina

soolde
....
pidyn

leeɓol yitere
....
ael

sukundu
....
gwallt

daande
....
gwddf

safrirdu
ysbyty

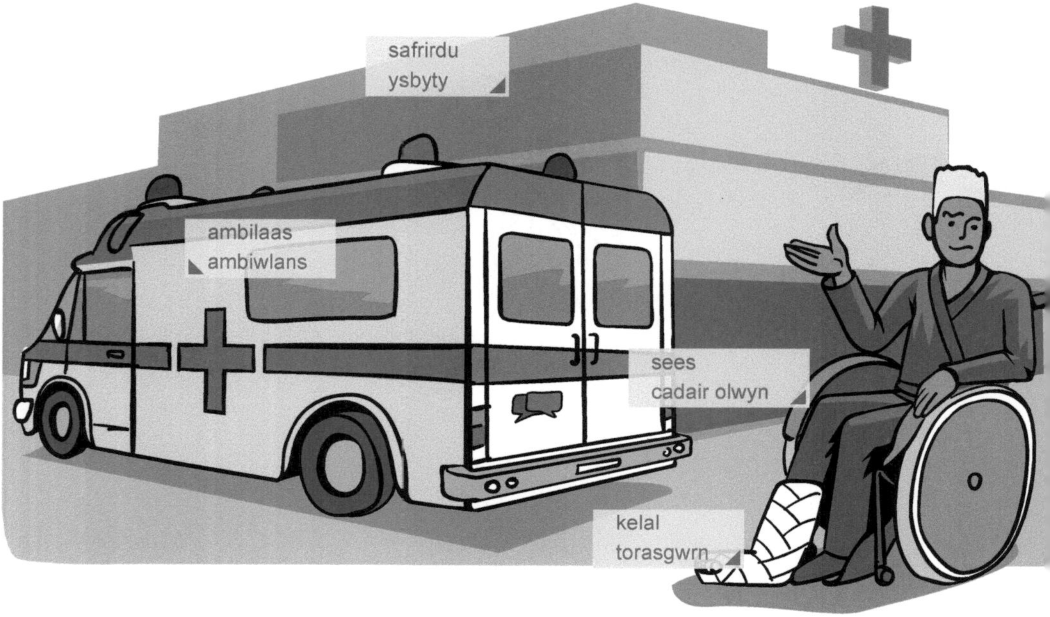

safrirdu
ysbyty
ambilaas
ambiwlans
sees
cadair olwyn
kelal
torasgwrn

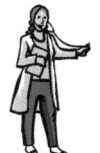

cafroowo
meddyg

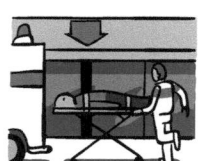

suudu heñaare
ystafell argyfwng

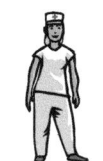

debbo cafroowo
nyrs

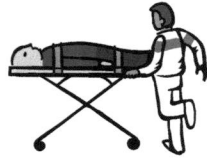

heñorde
argyfwng

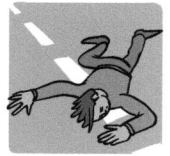

wondaane hakkile
anymwybodol

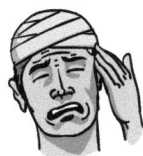

muuseeki
poen

gaañande

anaf

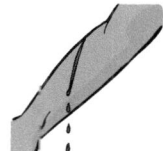

tuɗde ÿiiÿam

gwaedu

muuseeki ɓernde

trawiad ar y galon

piigol

strôc

nefo

alergedd

ɗojjude

peswch

ɓandu wulooru

twymyn

pali

ffliw

ndogu reedu

dolur rhydd

hoore muusoore

cur pen

kaaseer

canser

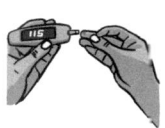

jabett

diabetes

oppiroowo

llawfeddyg

jaggirdi

fflaim

oppeere

gweithrediad

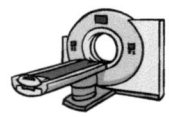	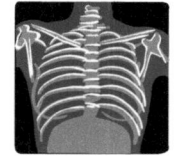	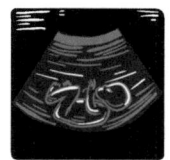
CT	buuɗi x	iltarasooŋ
CT	pelydr-x	uwchsain

huurirdu yeeso	rafi	heblorde
mwgwd wyneb	clefyd	ystafell aros

beeke	tabak	bandaas
bagl	plastr	rhwymyn
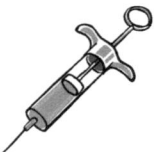	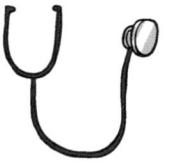	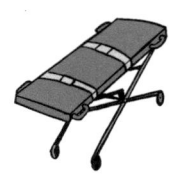
pinggu	estetoskop	pooɗoowo
pigiad	stethosgop	elorwely

termomeeter safrirdu	jibinande	ɓuttiɗgol
thermomedr clinigol	genedigaeth	dros bwysau

ballal nanirɗe

cymorth clyw

labbinoowo

diheintydd

raaɓo

haint

wiriis

firws

SIDAA

HIV / AIDS

lekki

meddygaeth

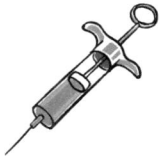

ñakko

brechiad

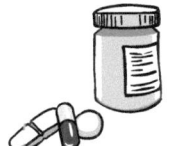

poɗɗe

tabledi

foɗɗere

y bilsen

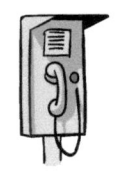

noddaango heñiingo

galwad frys

ÿeewtorde yaadu ÿiiyam

moritor pwysau gwaed

faawŋi / selli

yn sâl / yn iach

Ballal

Help!

pindinoowo

larwm

njangu

ymosodiad

raaŋande

ymosodiad

boomre

perygl

yaltirde yaawnde

allanfa argyfwng

Jeyngol

Tân!

ñifoowo jeyngol

diffoddwr tân

aksida

damwain

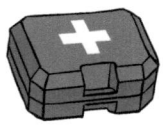

saawdu safaara gadano

pecyn cymorth cyntaf

SOS

SOS

poliis

heddlu

Orop

Ewrop

Amarik Rewo

Gogledd America

Amarik Worgo

De America

Afirik

Affrica

Aasi

Asia

Ostaraali

Awstralia

Atalantik

Iwerydd

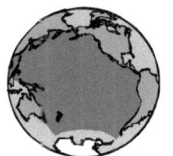

Pasifik

y Môr Tawel

Maayo Endo

Cefnfor yr India

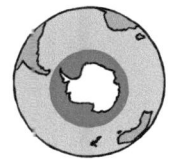

Maayo Antarkatik

Cefnfor yr Antarctig

Maayo Arkatik

Cefnfor yr Arctig

Baŋe Rewo

Pegwn y Gogledd

Baŋe Worgo

Pegwn y De

Antarkatik

Antarctica

Leydi

y Ddaear

leydi

tir

maayo

môr

siire

ynys

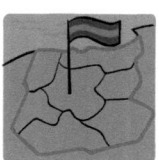

wuro

cenedl

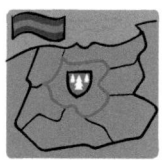

laamu

gwladwriaeth

yeeso waktu

wyneb cloc

jungo waktu

bys awr

jungo hojoma

bys munud

jungo majaango

bys eiliad

hol waktu?

Faint o'r gloch yw hi?

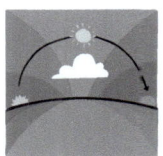

ñalawma

dydd

saha

amser

jooni

yn awr

mantoor nattoowo

cloc digidol

hojoma

munud

waktu

awr

yontere

wythnos

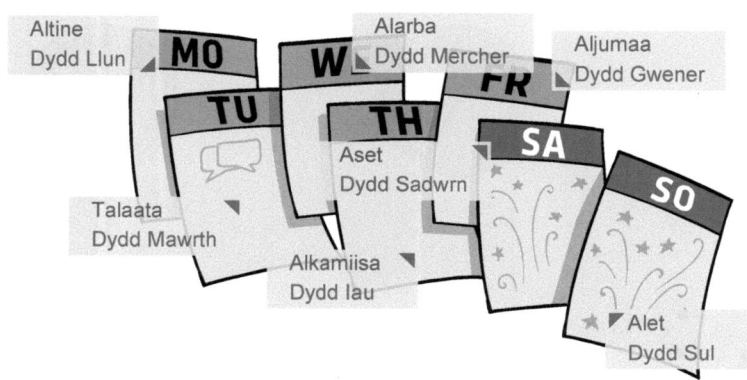

Altine Dydd Llun

Talaata Dydd Mawrth

Alarba Dydd Mercher

Alkamiisa Dydd Iau

Aset Dydd Sadwrn

Aljumaa Dydd Gwener

Alet Dydd Sul

hanki

ddoe

hande

heddiw

jango

yfory

subaka

bore

ñalawma

canol dydd

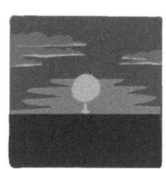

kikiiɗe

noswaith

biir

diwrnodiau busnes

ñalɗi

penwythnos

hitaande
blwyddyn

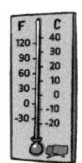

tobo
glaw
timtimol
enfys
hendu
gwynt
nees
eira
demminaare
gwanwyn
ceedu
haf
ndunngu
hydref
dabbunde
gaeaf

4.APRIL 11°
5.APRIL 4°
6.APRIL 13°
.APRIL 8°
8.APRIL 10°

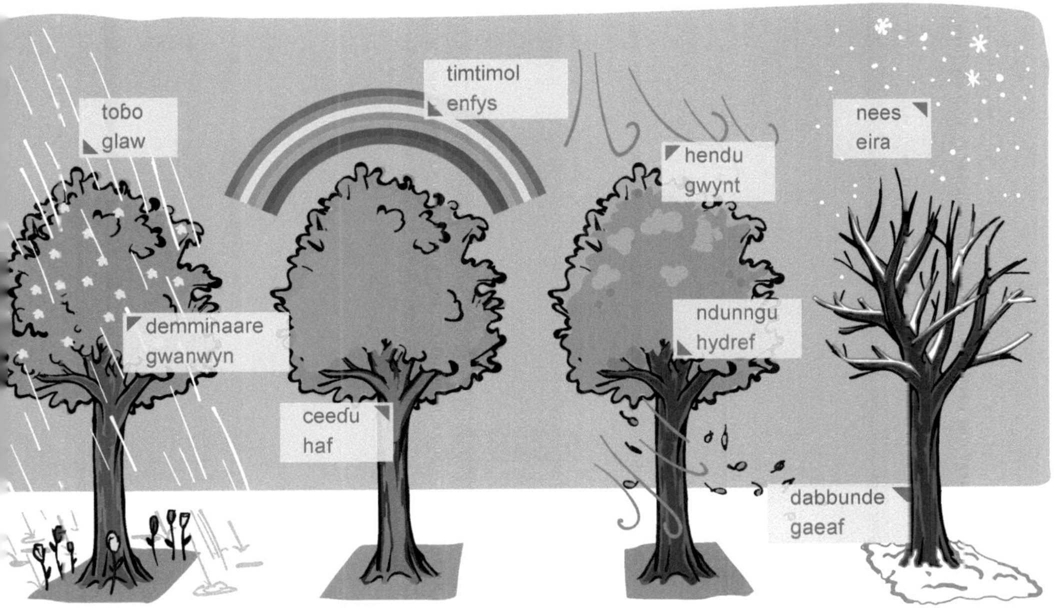

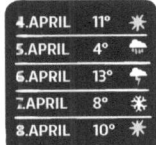

kabaaru weeyo
....
rhagolygon y tywydd

F
C
120
90
60
30
0
-30
40
30
20
10
0
-10
-20

termomeeter
....
thermomedr

naaŋini
....
heulwen

ruulde
....
cwmwl

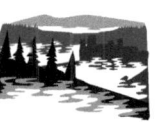

cuurki
....
niwl tew

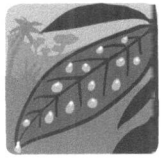

uddeende
....
lleithder

majje

mellt

gidaango

taranau

hendu

storm

huɗɗni

cenllysg

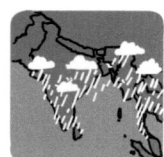

ruulɗini

monsŵn

waame

llif

nees

iâ

Siilo

Ionawr

Colte

Chwefror

Mbooy

Mawrth

Seeɗto

Ebrill

Duuyal

Mai

Korse

Mehefin

Morse

Gorffennaf

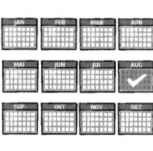

Juko

Awst

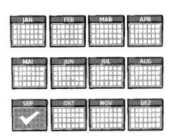

Siilto

Medi

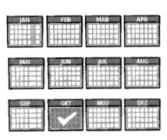

Yarkoma

Hydref

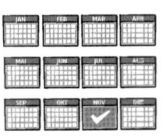

Jolal

Tachwedd

Bowte

Rhagfyr

balli

siapiau

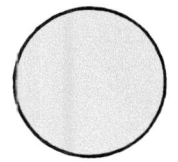

taarto

cylch

yaajeendi

sgwâr

yaajo

petryal

saraandi

triongl

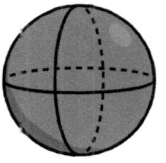

mbiifu

sffêr

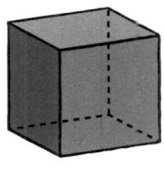

kiibb

ciwb

daneejo

gwyn

oolo

melyn

oraas

oren

roos

pinc

bodeejo

coch

mboongu

porffor

bulaajo

glas

werte

gwyrdd

cooyo

brown

puro

llwyd

baleejo

du

heewi / seeɗa

llawer / ychydig

seki / deeyi

dig / tawel

yooɗi / soofi

hardd / hyll

fuuɗorde / gasirde

dechrau / diwedd

mawɗo / tokooso

mawr / bach

leeri / niɓɓiɗi

llachar / tywyll

maniraaɗo / miñiraaɗo

brawd / chwaer

laaɓi / tunwi

glân / budr

timmi / manki

gyflawn / anghyflawn

ñalawma / jamma

dydd / nos

maayi / wuuri

farw / yn fyw

yaaji / faaɗi

eang / cul

nano / nanotaako

bwytadwy / anfwytadwy

boni / moÿÿi

drwg / caredig

softi / yoomi

llawn cyffro / diflasu

ɓuttiɗi / sewi

tew / tenau

adi / wattindi

cyntaf / olaf

sehil / gaño

cyfaill / gelyn

heewi / ɓolɗi

llawn / gwag

muusi / weeɓi

caled / meddal

teddi / hoyi

trwm / ysgafn

heege / ɗomka

wedi newynnu / yn sychedig

faawŋi / selli

yn sâl / yn iach

wona laawol / laawol

anghyfreithlon / cyfreithiol

feerti / muddiɗi

deallus / twp

nano / ñaamo

chwith / dde

ɓatti / woɗɗi

agos / pell

keso / kiiɗɗo

ewydd / wedi'i ddefnyddio

ndiga / huunde

dim / rhywbeth

nayeejo / suka

hen / ifanc

huɓɓi / ñifii

ymlaen / i ffwrdd

uditi / uddii

ar agor / ar gau

deeÿi / dille

tawel / uche

alɗi / waasi

cyfoethog / tlawd

goonga / fenaande

cywir / anghywir

tiiɗi / nooyi

garw / llyfn

metti / weli

trist / hapus

rabɓiɗi / juuti

byr / hir

leeli / yaawn

araf / cyflym

leppi / yoori

gwlyb / sych

wuli / ɓuuɓi

cynnes / claear

hare / jam

rhyfel / heddwch

0

ndiga

sero

1

gooto

un

2

ɗiɗi

dau

3

tati

tri

4

nay

pedwar

5

joy

pump

6

jeegom

chwech

7

jeeɗiɗi

saith

8

jeetati

wyth

9

jeenay

naw

10

sappo

deg

11

sappoy goo

un deg un

12

sappoy ɗiɗi

un deg dau

13

sappoy tati

un deg tri

14

sappoy nay

un deg pedwar

15

sappoy joy

un deg pump

16

sappoy jeegom

un deg chwech

17

sappoy jeeɗicì

un deg saith

18

sappoy jeetati

un deg wyth

19

sappoy jeenay

un deg naw

20

noogaas

dau ddeg

100

teemedere

cant

1.000

ujunere

mil

1.000.000

miliyooŋ

miliwn

Aŋale
Saesneg

Aŋale Amarik
Saesneg America

Mandare Siinaaɓe
Tsieinëeg Mandarin

Hindi
Hindi

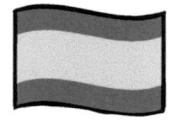

Españool
Sbaeneg

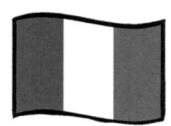

Farayse
Ffrangeg

Arab
Arabeg

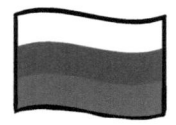

Riis
Rwseg

Portigees
Portiwgaleg

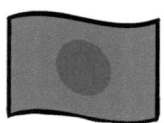

Bengali
Bengali

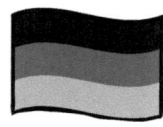

Almaa
Almaeneg

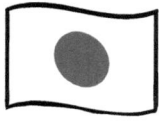

Sapponee
Siapanaeg

miin

fi

an

ti

kanko / kanko / kanum

ef / hi

minen

ni

onon

chi

kamɓe

nhw

holoon?

pwy?

holɗuum?

beth?

holnoon?

sut?

holtoon?

ble?

mande?

pryd?

inde

enw

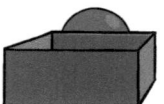

caggal

y tu ôl i

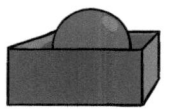

nder

yn / yng / ym / mewn

sawndo

o flaen

dow

dros

e

ar

les

dan

sara

wrth ochr

hakkunde

rhwng

nokku

lle